SOS Genitori. Salvagente per mamme e papà di cuccioli d'uomo

Illustrazione di copertina di Federica Nocco

ISBN 978-1-326-99505-8

Igor Olla

SOS genitori

Salvagente per mamme e papà di cuccioli d'uomo

Introduzione

In un mondo che corre sempre più veloce, dove la tecnologia fa passi da gigante ogni giorno e dove noi ed i nostri figli siamo sempre più connessi e risucchiati dalla rete, dal fluire delle informazioni e dai tempi contingentati della vita moderna potrebbe forse apparire inutile un libro che va a trattare la tematica delle comuni problematiche che possono incontrare i genitori nel percorso di crescita ed educazione dei propri bambini e futuri adulti.

In realtà questo libro non vuole essere un manuale o ancor meno un testo scientifico ma semplicemente la raccolta di molti articoli su tematiche educative e pedagogiche scritti da me in passato per diversi quotidiani e periodici.

In quasi vent'anni di lavoro con i minori ed i loro genitori ho osservato che molti di questi ultimi affrontano i possibili "incidenti di percorso" nella vita genitoriale basandosi sulla propria esperienza passata (se già genitori) o sull'esperienza vicaria (i consigli delle altre mamme) o ancora (nel peggiore dei casi!) si ritrovano sommersi da consigli non richiesti da parte di genitori, parenti, amici, che vanno solo a complicare il già difficile compito che la vita ha affidato loro.

Da qua l'idea di raccogliere in un testo semplice ed accessibile a tutti le più comuni problematiche che le mamme ed i papà possono trovarsi a dover affrontare.

Le parole giuste

Come si può insegnare ai propri figli a manifestare ed esprimere le proprie emozioni in modo non aggressivo? Ma soprattutto...è possibile?

Porte sbattute, capricci, lancio di oggetti, urla, fino agli atti di bullismo, sono comportamenti che vengono frequentemente utilizzati dai bambini per manifestare il loro disagio.

Quante sfumature ha l'animo umano? Quanti vocaboli esistono per esprimere ciò che si sente senza arrivare a scaricare la propria emotività in modo "esagerato"?

Molti genitori mi chiedono: ma mio figlio non potrebbe manifestare il suo disagio in maniera più tranquilla, o, più semplicemente, dirlo a voce?

In realtà la risposta a questo quesito è abbastanza semplice.

I bambini fin da piccolissimi hanno gesti di *aggressività* e forme di protesta.

Questo avviene perché, non avendo ancora imparato a parlare, non hanno fatto propria la possibilità di verbalizzare ciò che sentono e/o comunque non sanno definirlo, sia per un bagaglio lessicale ancora limitato che per mera incapacità di tramutare le emozioni che provano in parole.

Mentre il bambino cresce diventa quindi molto importante arricchire il suo bagaglio linguistico di modo che questo gli permetta di trovare i termini più consoni per poter descrivere ed esprimere ciò che prova.

Questo farà sì che sentimenti come inadeguatezza o insicurezza rispetto a diverse situazioni possano essere gestiti non in modo fisico ma verbale.

Non mi riferisco chiaramente solo alle emozioni negative ma anche a stati d'animo positivi.

La proprietà di linguaggio permette di riconoscere ciò che si sente, definirlo e poterlo esprimere senza necessariamente passare ad atti violenti su oggetti o su persone.

Ovviamente questa non è la panacea per tutti i mali, ma di certo aiuta il minore sia ad ascoltarsi, sia a comunicare con chi gli sta attorno con più facilità. Questo lo aiuta anche a sentirsi più *adeguato* alle situazioni e ad interagire in modo più equilibrato.

Il filtro percettivo

Comunicare significa prestare attenzione a molti elementi.

Spesso si pensa che una buona conoscenza della lingua sia sufficiente per capire l'altro ed instaurare con esso una comunicazione sufficientemente chiara ed efficace, ma in realtà siamo molto lontani dalla realtà dei fatti.

La comunicazione interpersonale è infatti costituita da tanti elementi ed il linguaggio (o comunicazione verbale) è solo uno di essi e, a dire il vero, neppure il più importante.

Nei messaggi che trasmettiamo o riceviamo, il linguaggio verbale ha un peso minimo (per alcuni il 15% per altri 30% a seconda delle teorie e scuole di appartenenza).

Oltre al linguaggio (ed ovviamente all'udito), altri sono i sensi coinvolti durante il processo di comunicazione, basti pensare all'importanza delle immagini o di come si presenta chi vi sta di fronte (abbigliamento, pulizia, cura dei capelli, trucco ecc.) o anche l'olfatto o il tatto attraverso, ad esempio, una stretta di mano più o meno "decisa".

Parrebbe facile osservare tutto ma riuscireste sempre e per di più in maniera consapevole ad essere attenti a tutti questi elementi?

Se la risposta fosse anche affermativa mancherebbe ancora la componente più importante della quale occorre tener conto nella comunicazione: la comunicazione non verbale (solitamente abbreviata con CNV).

La CNV comprende gesti, postura, tono della voce, impercettibili movimenti muscolari, espressioni facciali, contatto oculare, spostamento nello spazio con avvicinamenti o allontanamenti dall'interlocutore.

Accade in buona parte dei processi comunicativi che si tende ad usare, inconsapevolmente, un filtro dettato dalle nostre percezioni psicofisiche.

Tali filtri sono chiamati filtri percettivi e dipendono sia dalle percezioni provenienti dagli organi di senso che dalle pregresse esperienze di vita vissute.

Nella comunicazione quindi, si usa un filtro dato dalle nostre *percezioni* rispetto ad alcuni aspetti ed a discapito di altri, andando a creare una comunicazione in arrivo che, gioco-forza, sarà individuale e diversificata per ogni singolo individuo che la riceve perché diversa è ogni singola persona con le sue peculiari esperienze di vita.

Di ciò occorrerebbe tener conto ogni qual volta intraprendiamo un processo comunicativo con una persona, cercando di partire sempre dall'assunto che "in comunicazione ciò che parte non è uguale a ciò che arriva".

Il "ciuccio"

Il meccanismo principe naturale presente nel bambino già nella pancia della mamma è quello della suzione. L'istinto di suzione permette al neonato di attaccarsi al seno della madre e/o al biberon.

Le mamme sanno bene che nei primi mesi di vita il bambino passa le ore di veglia a succhiare e, successivamente, nella fase orale, utilizza la bocca per esplorare l'ambiente che lo circonda.

Tale meccanismo, che nel piccolo provoca piacevoli sensazioni, è un antidoto alla paura e al senso di solitudine sia nel lattante che nel bambino più grandicello.

Il ciuccio aiuta a il bambino ad addormentarsi, a calmare il pianto più ostinato, ad autoconsolarsi quando la mamma non c'è.

Il ciuccio rappresenta inoltre un modo per scaricare le tensioni e per far sentire il bambino sicuro e protetto: per questo abituarlo a tenere il ciuccio non è dannoso a priori. L'importante è infatti non abusarne perché ciò renderebbe più difficile abbandonarlo e l'utilizzo esagerato del ciuccio potrebbe provocare danni irreversibili alle arcate dentarie, specialmente se usato oltre i 3 anni d'età.

Peraltro è meno dannoso della suzione del pollice perché esercita meno pressione sui denti e per la mamma è più facilmente gestibile quando decide di farlo smettere.

Importante è non ricorrervi come ancora di salvezza quando il bambino non lo cerca oppure tutte le volte che piange.

Così come accade per il pannolino arriva anche per il ciuccio il momento in cui è necessario toglierlo.

E' consigliabile fare questo passo verso i tre anni, quando il bambino diventa più sicuro di sé, in ogni caso è importante non interrompere l'uso del ciuccio improvvisamente: evitare assolutamente di farlo sparire senza una spiegazione.

Alcuni consigli per iniziare gradatamente il percorso di abbandono del ciuccio:

- Non spazientirsi né colpevolizzare il bambino se proprio non riesce a toglierlo. Cercare di rispettare il suo momento psicologico;

- Evitare di procedere a questo passo in concomitanza con altri cambiamenti radicali come l'inserimento all'asilo o la nascita del fratellino;

- Non focalizzare l'attenzione sul ciuccio e sul come toglierlo parlandone davanti al bambino, specialmente se grandicello;

- Limitare l'uso alle situazioni più critiche come ad esempio i momenti prima di andare a dormire o quando la mamma non c'è;

- Provare a proporre al bambino delle attività che con il ciuccio non può fare perché sono "da grandi";

- Distrarlo verso altri oggetti o attività.

Balbuzie infantile

Il linguaggio si sviluppa nell'uomo già dal primo vagito per poi progredire rapidamente per tutta la lunga fase dell'infanzia.

Tutta la ricchezza di stimoli che circondano il bambino, il desiderio di esplorazione e la curiosità normale si traducono nel desiderio di chiedere, domandare e, di conseguenza, comunicare.

Tale forma di comunicazione può diventare incessante e talvolta maggiore delle reali abilità comunicative.

In questo panorama specifico dello sviluppo potrebbe "affacciarsi" la balbuzie che fa parte di quella categoria definita "disturbo del linguaggio". Il problema scaturisce dalla difficoltà del bambino di individuare rapidamente le parole corrette per manifestare i concetti che si accavallano nella sua mente e che vorrebbe comunicare.

Al bambino accade quindi che la velocità con la quale corrono i suoi pensieri sia di gran lunga superiore rispetto alla sua capacità di esprimerli a parole.

Capita spesso che, lungo l'arco dello sviluppo infantile, la balbuzie si venga a presentare (o ripresentare) anche in concomitanza della nascita di un fratellino, per problemi tra genitori, per separazioni o per lutti in famiglia.

Questo fenomeno, che rientra nella tipologia di balbuzie primaria (apparente e transitoria, caratterizzata da fisiologiche e normali disfluenze, intermittenti esitazioni, ripetizioni sillabiche), tende a risolversi spontaneamente (generalmente nel giro di qualche mese), infatti il disturbo di linguaggio dei 3-5 anni è molto diverso da quello che si presenta in età scolare (dove è bene intervenire con un aiuto logopedico con professionisti competenti nella balbuzie), e ancora diverso da quello dell'età adulta.

I genitori non sono mai preparati a questo evento perché inizia all'improvviso, ma si possono comunque seguire alcune semplici linee guida:

- Non interrompere il discorso del piccolo chiedendogli di ripetere ciò che dice balbettando per evitare di metterlo in imbarazzo;

- Non sostituirsi al bambino nel completare la frase o la parola;

- Non dirgli di calmarsi altrimenti l'ansia aumenta;

- Non perdere la pazienza e non sgridarlo per gli errori perché non è colpevole;

- Non mostrarsi altresì divertiti poiché questo non sarebbe di stimolo per il bambino a correggersi.

In sostanza, quindi, occorre armarsi di tanta pazienza, ascoltare il bambino cercando di non trasmettergli emozioni negative di disagio e/o di fastidio, articolare bene le parole quando ci si rivolge a lui in modo che, ascoltando il suono delle parole, egli possa ripeterle correggendosi da solo.

Esclusivamente con l'età scolare si può prendere, qualora il disturbo persistesse, in considerazione l'intervento di un logopedista.

La balbuzie infatti, prima dell'età scolare, può essere ridotta ad un fenomeno molto comune, specialmente nei maschietti (colpisce il 3% dei bambini).

Le paure dei bambini

Durante l'età scolare il bambino si trova nella situazione di doversi di continuo adattare ai cambiamenti, affrontare nuove richieste della famiglia e della scuola, imparare cose nuove, incontrare nuovi compagni scoprendo nuove dinamiche relazionali tra pari a lui fino ad allora sconosciute.

L'insieme di tutte queste novità nella sua vita possono generare nel piccolo stati ansiosi, che, col passare del tempo, possono dare origine a paure e insicurezze.

Il mondo sereno che fino ad allora circondava il nostro piccolo cucciolo d'uomo potrà improvvisamente apparirgli come una fonte di conflitto e la sindrome di Peter Pan, cioè la paura di crescere, potrà essere una naturale conseguenza.

La paura è, comunque, anche qualcosa di fisiologico, utile alla crescita del bambino, in quanto necessaria ad attivare reazioni che servono a difenderlo dai pericoli che provengono dall'ambiente.

La paura diventa preoccupante quando si attiva senza che vi sia un pericolo reale o quando si presenta con un'intensità eccessiva rispetto allo stimolo che l'ha provocata.

I bambini hanno paure che spesso i grandi non riescono a comprendere, va comunque sempre tenuto presente che è comune che un bambino di tre-quattro anni abbia paura del buio, dei fantasmi, dei mostri o di altre immagini frutto della sua fantasia.

Queste paure, con il passare del tempo, svaniscono.

Quando invece la paura supera un certo limite e impedisce al bambino di vivere le normali esperienze quotidiane occorre rivolgersi ad un esperto per valutare sia le motivazioni che la generano sia le eventuali modalità di intervento.

Occorre ten presente che la paura nei bambini si manifesta con modalità differenti.

A volte il bambino la manifesta in modo aperto, altre volte, specie se egli non ripone sufficiente fiducia di poter essere ascoltato e aiutato dall'adulto e se non ci sono momenti familiari di intimità e confidenza, non viene verbalizzata e occorre essere attenti ai segnali non verbali, che esprimono un sentimento di disagio. Quali possono essere questi segnali?

Il bambino può manifestare comportamenti che non fanno parte del suo abituale modo di agire ma che ricordano quelli di quando era molto più piccolo, oppure può apparire demotivato, passivo, con tendenza all'isolamento.

In altri casi egli può mostrarsi impulsivo e aggressivo o può assumere comportamenti anomali, come difficoltà a dormire, capricci eccessivi, fissazioni sul cibo.

Di fronte a bambini particolarmente sensibili occorre fare molta attenzione: è importante non fare richieste eccessive di crescita, non mostrarsi troppo ansiosi o allarmati, rassicurarli con affetto, rispettando le loro paure, senza derisioni o rimproveri, offrendo sempre il nostro aiuto.

Non bisogna dimenticare, inoltre, che tensioni familiari o di coppia, stati ansiosi e depressivi nei genitori possono generare o incrementare le paure dei piccoli, i quali divengono così inconsapevoli contenitori del malessere della famiglia.

Spesso i genitori, in buona fede, compiono degli errori molto comuni nel cercare di fare superare ai figli le loro paure, vediamone alcuni:

- Spingere il bambino ad affrontare situazioni per lui paurose con l'intento di fortificarlo o di punirlo;

- Lasciarsi influenzare dall'ansia del bambino;

- Non dare importanza alle paure del bambino, prenderlo in giro, punirlo per la sua mancanza di coraggio;

- Assumere atteggiamenti di iperprotezione e di eccessiva apprensione, facendo così sentire il bambino come un essere debole e incapace;

- Respingere il bambino quando chiede aiuto, facendolo sentire solo con la sua paura.

Quando ci accorgiamo che il bambino ha delle paure, i comportamenti corretti da adottare dovrebbero essere:

- Dedicare alcuni momenti della giornata al bambino, ad una relazione di scambio, intimità e confidenza;

- Ascoltare il bambino con comprensione e interesse quando ci parla delle sue paure;

- Spiegargli le paure in modo semplice;

- Dare al bambino il buon esempio, dimostrando di essere capaci di affrontare i pericoli reali e le situazioni quotidiane che possono sembrare difficili ai suoi occhi (ricordandosi che spesso le paure dei bambini assomigliano molto a quelle dei genitori);

- Dare al bambino la possibilità di superare le paure con gradualità, senza mettere fretta;

- Incoraggiare il bambino al gioco libero, imitativo e di fantasia e al disegno: queste attività sono indispensabili per esprimere le loro ansie e le loro paure;

- Mostrare fiducia nelle sue capacità generali, incoraggiarlo, gratificarlo nei suoi progressi;

- Far sentire al bambino l'amore che abbiamo per lui, anche quando fa un po' il cattivo;

- Offrire contenimento e protezione nelle situazioni di difficoltà, in questo modo egli può riporre nei grandi la propria fiducia e può percepire di poter contare su di loro se ne sente la necessità.

La paura del buio

All'interno delle diverse paura vissute dai bambini la paura del buio riveste una particolare importanza poiché è un fenomeno molto frequente nella fascia d'età compresa tra i due ed i cinque anni.

E' infatti a partire da questo periodo della crescita che i nostri figli sviluppano la consapevolezza del pericolo, che diventa così elemento della loro immaginazione.

La notte, caratterizzata dal buio e dal silenzio, diventa il momento più adatto per mettere in moto le fantasie dei nostri bambini.

I mostri infatti vanno a braccetto con il buio, da esso nascono minacciosi e misteriosi e si aggirano per le camerette che di giorno sono popolate dai giochi.

È facile quindi che la notte venga a popolarsi di personaggi fantastici e pericolosi, che spesso sono l'elaborazione di una paura provata realmente o di una esperienza che può averli impressionati, come nel caso di immagini televisive non adatte alla loro età.

La paura del buio e dei mostri è tipica di tutti i bimbi. Nel buio infatti tutto può accadere a loro insaputa perché non si è in grado di vedere e distinguere bene le cose.

Un'ombra o uno scricchiolio possono essere forieri di chissà quali fantasie paurose.

Nei mostri e nel buio i bimbi catalizzano e concentrano tutte le loro paure: soprattutto quelle di essere aggrediti e di non essere all'altezza di difendersi e quindi di essere abbandonati dai loro genitori proprio nel momento del bisogno.

La reazione ai comportamenti associati a tali paure, quali il pianto notturno, il rifiuto di andare a dormire, i capricci per poter dormire nel lettone, rappresentano una prova del nove per i genitori.

Infatti il bambino li mette in qualche modo alla prova, testando le loro capacità di comprendere cosa si cela dietro questa paura e soprattutto di vedere quanto questi possano essere in grado di proteggerlo riconfermando il loro affetto.

In realtà le paure hanno un ruolo positivo. L'importante è riuscire ad aiutare il bambino ad elaborarle e tradurle.

L'adottare un atteggiamento severo e punitivo, il credere che si tratti solo di scuse per non andare a letto o per dormire nel lettone, sarà del tutto controproducente.

Un atteggiamento severo e punitivo da parte dei genitori verso un bambino che manifesta delle paure è totalmente errato: in primis perché il bambino si sentirà profondamente solo ad affrontare i suoi mostri (e questo esacerberà le sue paure) ed in seconda istanza perché gli farà perdere fiducia nei genitori stessi.

Qualora le lucine accese, le porte aperte, le spiegazioni razionali ed i rituali affettuosi non abbiano sortito alcun effetto si renderà necessario aiutare il bambino ad esorcizzare e ridimensionare la sua paura. Il bambino deve essere messo di fronte al suo mostro senza che ne abbia timore.

Questo può avvenire umanizzando il mostro. Rappresentandolo come un essere che non ha scelto di essere cattivo, ma come uno sfortunato a cui è capitato un compito ingrato.

Inventare una storia intorno al mostro che aiuti il bambino a vederlo sotto una luce diversa può essere molto utile per ridimensionare le sue paure.

Un'altra cosa da fare può essere quella di raccontare storie con eroi positivi, che con la loro intelligenza e bontà e con l'aiuto di un mezzo magico riescono a sconfiggere le mostruosità.

Trovate insieme al vostro bambino un mezzo magico da tenere accanto nei momenti di paura a cui potrà far ricorso quando la paura stessa diventa ingestibile.

Un'ultima cosa, ma non meno importante, è quella di monitorare quello che i vostri bambini vedono alla Tv. La vostra presenza è necessaria come filtro, spiegazione, rassicurazione rispetto alle immagini che fruisce passivamente, forse per troppe ore al giorno.

La gelosia per il fratellino

Molto spesso, quando nasce un fratellino, l'equilibrio emotivo del bambino va letteralmente a rotoli.

Egli prova dolore, poiché ritiene di aver perso l'amore dei genitori, si sente offeso e risentito per essere stato spodestato dal fratello, si vede messo da parte e non più al centro delle attenzioni del nucleo genitoriale, per cui emerge ostilità nei confronti del rivale.

Anche se ogni bambino ha reazioni diverse, in generale quelle più comuni all'arrivo di un fratellino sono le seguenti: attacchi di rabbia, capricci, aggressioni dirette, denigrazione, indifferenza ed evitamento, mutamento degli atteggiamenti verso la mamma (aggressività, sottomissione, distacco, dipendenza), rabbia verso gli adulti, richiesta di contatto, regressione, tristezza, depressione, somatizzazioni (il bambino accusa malesseri fisici quali mal di pancia e/o mal di testa), autosvalutazione ("non sono capace"), apparente maggiore maturità, preoccupazioni per il fratellino, eccessiva protezione e accudimento esagerato, paure (del buio, degli animali, dei ladri, dei mostri...), esibizionismo, competizione eccessiva con i coetanei, gelosia verso i propri spazi e i propri oggetti.

Per aiutare il bambino a superare la gelosia nei confronti del nuovo arrivato lo si deve aiutare a vivere e rievocare momenti piacevoli per aumentare la sicurezza e l'autostima, fargli scoprire che le proprie fantasie distruttive non sono pericolose, quindi può permettersi di far lavorare la propria immaginazione senza rischi per il piccolino.

Ciò lo aiuterà ad esprimere la propria aggressività.

Ovviamente, molto spesso, accade che la gelosia non venga superata, soprattutto se al bambino viene impedito di viverla trovandosi costretto a soffocarla perché nessuno intorno a lui la riconosce e la tollera.

La gelosia repressa rimane ancorata dentro l'individuo e si ripresenta spesso nel corso della vita in maniera ossessiva e tormentosa.

La gelosia nei bambini può essere anche prevenuta. Ad esempio prima della nascita del nuovo fratellino (o sorellina) occorre assumere un atteggiamento positivo nei confronti dell'avvenimento, preparare il bambino durante la gravidanza, ma senza esagerare;

Il continuo riferimento al piccolo che deve nascere potrebbe appesantire l'attesa.

E' importante parlare invece di lui, di quello che sa fare, delle cose che gli piacciono, dei suoi desideri, dei suoi giochi.

Bisogna creare un clima sincero, se la mamma è stanca e sofferente non deve nasconderlo al bambino, in questo modo lui imparerà che l'attesa è fonte di gioia ma anche di preoccupazione e sarà preparato alla normalità delle sue reazioni negative vedendo che i genitori si permettono le proprie.

Quando finalmente arriva il nuovo fratellino è importante informare che la mamma si assenterà e che il padre (o un'altra persona) si occuperà di lui.

Bisogna evitare forzature se il bambino non vuole andare in ospedale a vedere la mamma e il fratellino.

Occorrerà preparare lo spazio per il bambino che deve nascere, ma anche per il maggiore.

Altro punto importante è il non inserire il bambino alla scuola dell'infanzia in concomitanza con la nascita del fratellino.

A questo proposito è bene non attuare, in linea di massima, cambiamenti significativi per evitare che il bambino li associ al nuovo arrivato.

La gelosia che il bambino manifesterà non andrà quindi REPRESSA bensì ACCETTATA, soprattutto bisognerà evitare di nascondere e mascherare l'affetto per il neonato.

In tal caso il bambino si sentirebbe considerato fragile, percepirebbe la sfiducia nei propri confronti e potrebbe pensare che le coccole al fratellino vengono fatte in momenti di sua assenza.

Dobbiamo offrire gratificazioni ed esperienze positive al maggiore, concedere tempi per lui, come fossero momenti riservati, durante i quali si può fare qualcosa insieme.

Occorrerà anche tener conto della possibile regressione del maggiore: è probabile, infatti, che quest'ultimo assuma atteggiamenti e comportamenti da bambino piccolo (pipì a letto, biberon, linguaggio infantile), per meglio entrare in competizione con il fratellino e per esprimere il proprio bisogno di vicinanza ai genitori.

Nel caso di gesti aggressivi contro il fratellino, bloccare il maggiore con fermezza, ma senza avversione, egli spesso ha bisogno di capire che l'adulto è in grado di contenere e arrestare i suoi impulsi dannosi verso l'altro.

Gradualmente il maggiore interiorizzerà questa funzione contenitiva e imparerà ad esercitarla da solo. Sarà inoltre importante chiacchierare con lui, ricordare la sua storia passata, le tappe del suo sviluppo, le cose simpatiche fatte insieme, magari rivedendo le foto o i filmati.

In ultimo: Evitare di dire "sei grande!" (sentirsi grande non deve essere una fregatura) e, al tempo stesso, mostrargli i privilegi pratici dell'essere grande.

Disturbi dell'apprendimento e disagio psicologico

Accade molto frequentemente che le difficoltà specifiche di apprendimento non vengano individuate precocemente portando il bambino a sperimentare una serie di insuccessi scolastici senza che questi ne riesca a comprendere il motivo.

Quasi sempre i risultati insoddisfacenti in ambito scolastico vengono attribuiti allo scarso impegno, al disinteresse verso le varie attività, alla distrazione, portando questi alunni a doversi sobbarcare il carico della propria presunta incapacità, sentendosene responsabili e colpevoli.

E' oramai assodato che la sperimentazione di insuccessi continui e ripetuti produce un calo dell'autostima.

L'autostima rappresenta un giudizio globale su se stessi e sulle proprie capacità, che si accompagna ad un senso generale di auto accettazione e ad un atteggiamento positivo verso se stessi.

L'autostima è la valutazione che ci diamo, il nostro modo di viverci.

L'autostima viene determinata da informazioni oggettive e soggettive, riferite a diversi tipi di sé:

Il sé reale: ciò che crediamo di essere;
Il sé ideale: ciò che desideriamo essere;
Il sé imperativo: ciò che sentiamo di dover essere.

Dalla mancanza di fiducia nelle proprie possibilità scaturisce un disagio psicologico che, nel tempo, può strutturarsi e dare origine ad una elevata demotivazione all'apprendimento oltre che a manifestazioni emotivo-affettive particolari quali la forte inibizione, l'aggressività, gli atteggiamenti istrionici di disturbo alla classe e, in alcuni casi, la depressione.

Il soggetto con disturbo di apprendimento vive quindi il proprio problema a tutto tondo e ne rimane imprigionato fino a che non si fa chiarezza, fino a che non viene elaborata una diagnosi accurata che permetta finalmente di giungere alla reale causa del problema.

Proviamo per un attimo a metterci nei panni di un bambino o di un ragazzo con disturbo di apprendimento e immaginiamone le esperienze e gli stati d'animo:

• Egli si trova a far parte di un contesto (la scuola) nel quale vengono proposte attività per lui troppo complesse e astratte;

- Osserva però che la maggior parte dei compagni si inserisce con serenità nelle attività proposte ed ottiene buoni risultati;

- Sente su di sé continue sollecitazioni da parte degli adulti ("stai più attento!"; " Impegnati di più!"; "hai bisogno di esercitarti molto");

- Spesso non trova soddisfazione neanche nelle attività extrascolastiche, poiché le lacune percettivo motorie in molti casi si vanno a riverberare anche nelle attività sportive;

- Si percepisce come incapace e incompetente rispetto ai coetanei;

- Inizia a maturare un forte senso di colpa sentendosi responsabile delle proprie difficoltà;

- Ritiene che nessuno sia soddisfatto di lui: né gli insegnanti né i genitori;

- Ritiene di non essere all'altezza dei compagni e che questi non lo considerino membro del loro gruppo a meno che non vengano messi in atto comportamenti particolari (ad esempio quello di fare il buffone di classe);

- Per non percepire il proprio disagio mette in atto meccanismi di difesa che non fanno che aumentarne il senso di colpa, come il forte disimpegno o l'attacco (aggressività) e talvolta il disagio risulta così elevato da annientare il soggetto ponendolo in una condizione emotiva di forte inibizione e chiusura.

Nonostante si parli molto di questi problemi, purtroppo c'è ancora scarsa conoscenza e non sempre la diagnosi giunge in tempi accettabili, cosicché sia il bambino che la famiglia tutta vivono esperienze frustranti, generatrici di ansia e di un clima affettivo non certamente favorevole.

Diventa quindi di fondamentale importanza, alle prime avvisaglie di difficoltà eccessive o comunque che appaiono come "fuori dalla media", intraprendere un percorso che permetta la valutazione psicopedagogica dell'eventuale problema di un disturbo.

Perché i bambini dicono le bugie

Accade spesso di sentire i bambini mentire in maniera spudorata raccontando fatti o proprie visioni di essi che sono totalmente in contrasto con la realtà di quanto accaduto.

Quando ciò accade dobbiamo partire dall'assunto che ciò che raccontano, almeno sino ai cinque anni, per loro è la realtà.

Sino a questa età infatti nei bambini non è ancora ben netta e definita la distinzione tra realtà ed immaginazione.

Superati i cinque anni invece le bugie continue possono essere segnale di un disagio e la bugia rappresenta la valvola di sfogo o l'approdo sicuro per cercare di emergere dal disagio stesso.

Un caso specifico che mi è capitato di trattare in passato è stato quello di un bambino di otto anni.

I genitori vennero presso il mio studio riferendomi che il proprio figlio travisava completamente la realtà. Riferiva di essere il più popolare della classe, tutti volevano stare con lui, sedercisi vicino, giocarci. Nella realtà invece, a detta delle insegnanti, il piccolo era abbastanza isolato e si relazionava poco con i compagni sia durante le lezioni che nei momenti di svago e ricreazione.

In questo caso il bambino soffriva di una bassa autostima, le sue bugie erano sia un'ancora di salvezza dove la piacevole realtà descritta nelle bugie andava a supplire alla spiacevole realtà reale che viveva quotidianamente in classe, sia una chiara e precisa richiesta veicolata ai genitori (in quanto adulti di riferimento) affinché gli fornissero gli strumenti relazionali per stringere relazioni positive e significative con i compagni, strumenti che lui sentiva di non avere.

Prima di punire un bambino perché mente sarebbe necessario guardare alle emozioni che le sue bugie generano in noi e poi approcciarci alle sue motivazioni cercando di capirle.

In linea di massima occorrerebbe:

- Analizzare e tenere sotto controllo la delusione che la bugia genera in noi genitori. Con le bugie i bambini si creano un mondo proprio, sospeso tra la fantasia e la realtà dove riporre sentimenti o emozioni che si vergognano o hanno paura di svelare ai genitori. Non dobbiamo quindi sentirci traditi o ingannati ma invece dobbiamo accogliere e comprendere;

- Va sempre fatta presente l'importanza del dire la verità, dell'essere onesti, invitando il bambino a raccontarci i guai che ha combinato piuttosto che delle bugie che vanno a celarli. Se il bambino percepisce che puoi fidarsi nel confidarvi un guaio che ha combinato sarà poi disposto in futuro anche a confidarvi un problema.

Ricordiamoci quindi che le bugie rappresentano un suo piccolo mondo immaginario e che, se innocenti, smascherarle corrisponderebbe a violare un suo spazio mentale intimo e riservato. Lasciate il vostro istinto da "Sherlock Holmes" per fatti più importanti.

Quando i fratelli litigano

I momenti di litigio e di scontro sono un avvenimento tipico nelle famiglie con più figli.

Tale conflittualità rappresenta un elemento integrante del vivere in famiglia, una piccola comunità a se stante ove ognuno ha il suo carattere, il suo punto di vista e le sue esigenze.

In molti casi è la competizione che fa scattare queste discussioni, usate come mezzo per apparire migliori agli occhi dei genitori e ottenerne dei vantaggi.

Accade spesso infatti che il fondamento dei litigi sia dato dalla competizione volta ad accaparrarsi l'attenzione del nucleo genitoriale che costituisce l'oggetto d'amore primario per il bambino.

Nelle dinamiche conflittuali tra fratelli non possiamo focalizzarci solo sugli aspetti negativi di scontro ma va sempre tenuto presente che esse rappresentano anche una sorta di palestra nella quale imparare a rivendicare i propri diritti, le proprie necessità, l'egoismo, ma anche la generosità.

Dinamiche che i figli unici sperimenteranno solo fuori dall'ambiente familiare.

Noi genitori di contro possiamo aiutare i nostri figli ad approcciarsi al conflitto in maniera più positiva.

Nello specifico dobbiamo:

- Incoraggiare sempre i nostri figli alla discussione;

- Cercare di far capire loro l'importanza del dialogo. Dobbiamo essere noi genitori i primi ad usare la calma e la tranquillità per appianare le controversie, sia cercando di non reagire in modo nervoso o litigioso quando discutiamo con i nostri figli, sia aiutandoli ad affrontare la discussione correttamente, magari dando loro regole base per una corretta comunicazione, come ad esempio esporre bene i propri punti di vista e rispettare l'altro mentre parla senza interromperlo.

- Tenerci fuori dalle loro discussioni;

- Non ergerci a giudici all'interno delle loro dinamiche di scontro andando a punire chi (secondo noi) ha scatenato il litigio;

- Intervenire solo se i toni della discussione si fanno troppo accesi.

Nell'eventualità il litigio dovesse degenerare andando in escalation informateli che non siete disposti a tollerare le loro urla e chiedete loro di abbassare il tono della voce.

Se quanto sopra non dovesse funzionare mandate i bambini in stanze diverse, se il conflitto è legato ad un giocattolo toglietelo dalla circolazione, se collegato ad un programma televisivo spegnete la tv, evitate in ogni caso che si picchino, che si insultino o che rompano oggetti.

Alcuni consigli per il dopo-litigio:

- Se il litigio è scaturito dall'uso o possesso di un gioco andrebbe favorito il proprietario del gioco stesso, ponendo però molta attenzione nel sottolineare la bellezza della condivisione e del gioco in comune;

- Evitate assolutamente di fare favoritismi tra i figli, i bambini si accorgono subito delle differenze di trattamento. Non date sempre la colpa al maggiore o al più vivace e non fate paragoni di comportamento tra loro;

- Sottolineate che apprezzate quando giocano insieme;

Fategli capire che apprezzate quando giocano insieme amichevolmente, lodateli anche di fronte a terzi. Complimentatevi con loro quando risolvono le divergenze ragionando senza però pretendere che agiscano e si comportino sempre di comune accordo quasi fossero una sola persona!

I diverbi e gli scontri che verificano tra fratelli sono un'ottima occasione per fare in modo che ogni bambino possa far emergere ed affermare la propria personalità.

All'interno delle discussioni familiari impareranno a far valere le loro ragioni, ad affermare il proprio Io, a negoziare le difficoltà, in un luogo, la famiglia appunto, che rimarrà sempre un porto sicuro in cui si può non aver paura di essere quello che si é.

Saper comunicare

Comunicare per parlarci addosso e parlare più a noi stessi che a chi ci sta di fronte o comunicare per capirci e farci capire?

Watzlawick, nella Pragmatica della comunicazione umana evidenziava, in un testo che sarebbe diventato una bibbia della comunicazione, i vari difetti comunicativi che ci portano a comunicare male o in modo errato.

Gli assunti di Watzlawick possono risultare importantissimi nella comunicazione genitore-figlio, soprattutto quando qualcosa non va e ci accorgiamo che vi è una sorta di incomunicabilità. Le ricerche e le osservazioni di Watzlawick hanno condotto alla distinzione di due possibili modi di mettersi in relazione con l'altro.

Il primo, che l'autore chiama relazione simmetrica, è caratterizzato da un piano di partenza paritario, dove le persone coinvolte si misurano con l'assunto di essere uguali.

La simmetria, se corre troppo oltre i suoi presupposti, può degenerare in patologia, cioè in una dinamica di competizione per dimostrare che "io sono migliore di te".

Il secondo tipo di relazione è segnata dalla complementarietà.

In questo modello, chi partecipa alla relazione si comporta in modo tale da situarsi in una posizione di superiorità oppure di inferiorità nei confronti dell'altro.

Per comprendere appieno cosa significa la complementarietà, è importante aver chiaro che è possibile imporre all'altro la propria "superiorità" solo se questi è disposto ad accettarla, e viceversa.

Il legame complementare, quando diventa patologico, allarga la forbice della differenza fino agli estremi e, chi domina, lo fa in forma sempre più assoluta.

La relazione è un sistema dove i comportamenti sono circolari: non è possibile stabilire quale è la causa e quale l'effetto, cosa viene prima e cosa viene dopo. Ogni comportamento è, insieme, azione e risposta ad un'altro comportamento.

La circolarità mette fuori campo il dualismo causa-effetto che, come uno stampo, ha dato forma per secoli a tutti i discorsi della scienza.

Il sistema delle persone-che-comunicano-con-altre-persone è sempre un universo a sé stante, governato da regole e processi propri.

Quando le regole che tengono in vita il sistema fanno "corto circuito", la comunicazione si ammala e può essere guarita solo da chi, con un intervento esterno, può modificare le regole del gioco.

Se ci pensiamo un attimo, quando parliamo con qualcuno, quanto pesa il nostro stato emotivo? La risposta è scontata ed è "molto", lo sappiamo tutti sulla pelle delle esperienze che abbiamo vissuto.

Si dice, infatti, che si avvia un incontro con "il piede giusto", oppure con "il piede sbagliato" e, a seconda del caso, l'esito finale sarà ipotecato da questa scelta di partenza.

Che ne dite, ad esempio, di una conversazione che comincia con un "Adesso stai ad ascoltarmi perché sono stufo della tua indifferenza!"? O il porsi con un "Io sto al di sopra di tutti per la mia cultura e voi siete in grado di cogliere solo le briciole dei miei alti pensieri?" Insomma, per quanto un'affermazione del genere sia supportata dai fatti, si può immaginare che chi ascolta abbia già perso la voglia di stare a sentire il seguito del discorso.

Ecco quindi che riuscire ad analizzare e capire la nostra modalità comunicativa diventa di fondamentale importanza per quella che è la nostra vita sociale e relazionale con i nostri simili.

La pet-therapy

Da alcuni anni è in forte espansione l'impiego del cane come mezzo terapeutico assistenziale in diverse patologie ed handicap.

Il cane non riconosce la disabilità delle persone come un handicap: la presenza di deficit fisici, sensoriali, psichici, non implicano comunicazione deficitaria perché il cane è sempre capace di interagire a qualsiasi livello di gravità del soggetto.

Il suo comportamento non è influenzato da pregiudizi, giudizi o implicazioni morali che possono invece condizionare negativamente i rapporti tra gli umani. Certi aspetti dei soggetti come la saliva, gli odori, gli stridii, stereotipi comportamentali che solitamente generano distanza nel rapporto tra gli uomini, sono elementi normali nel mondo comunicativo del cane e non lo allontanano anzi, spesso catalizzano l'attenzione e l'interesse per quella situazione.

Questa particolare "terapia" (comunemente conosciuta come Pet Therapy) nasce intorno al 1960 quando Boris Levinson, un neuropsichiatra infantile americano, osservò che la partecipazione del suo cane alle sedute con i suoi piccoli pazienti aveva effetti positivi sulla seduta e sulla terapia in generale.

Il gioco con il cane permette al bambino sano la scoperta e il controllo del proprio corpo e l'esplorazione progressiva del mondo circostante. Pensate quanto questo è importante nei bambini disabili, che sono poco motivati al movimento, sono disturbati nell'esplorazione dell'ambiente, non solo nella paralisi ma anche da importanti disturbi dispercettivi.

Ne consegue spesso una rinuncia, quella che viene chiamata paralisi dell'intenzione, ben più grave e difficile da curare della stessa disabilità motoria.

Il cane può aiutare il bambino a trovare una grossa motivazione al gioco e al movimento.

Il bambino può così giungere ad una progressiva presa di coscienza di se quanto alle limitazioni, ma anche alle possibilità.

Uno scatto di rabbia

Chi insegna o lavora con i bambini o con i minori in genere, si trova spesso a dover gestire scatti o attacchi di rabbia.

Capita che tali reazioni a situazioni del momento, appaiano eccessive se rapportate allo stimolo che le ha provocate.

Di fronte alla nostra o altrui rabbia, a volte, ci stupiamo delle reazioni che questa provoca.

La cosa migliore, soprattutto in un contesto di gruppo, è cercare di riportare innanzitutto la calma e poi aiutare chi è in difficoltà a capire se la rabbia che prova è legata ad un accadimento specifico legato al contesto stesso o se, al contrario, sta solo riversando emozioni già presenti addosso a persone che nulla hanno a che fare con la causa della sua ira.

Chi lavora a stretto contatto con minori è ben consapevole del fatto che spesso un compagno più indifeso di altri può, suo malgrado, diventare il capro espiatorio di disagi provati da altri soggetti e dei quali lui non è colpevole.

Nel caso si presentasse una situazione del genere diventa importante per insegnanti, educatori ed operatori cercare di capire se la rabbia è dovuta a questioni esterne (sport, famiglia, gelosia per fratelli o altri, ecc) e di conseguenza intervenire, aiutando il bambino a dirigere la sua frustrazione e comprendere quello ciò che in quel momento sta provando.

Un punto da sottovalutare è il non porsi sul piedistallo a valutare il comportamento fornendo una personale analisi dell'accaduto andando a fornire giudizi ed analisi preconfezionate basate sul punto di vista dell'adulto.

Diverrà invece di fondamentale importanza cercare di insegnare al bambino o all'adolescente a sentire e sentirsi, ad ascoltare ciò che prova e a comunicarlo in maniera meno distruttiva verso gli altri ed anche verso se stesso.

Il "buon" educatore

Ritengo sia realmente difficile, anche e soprattutto per chi lavora nel settore socio-educativo, definire quale possa essere il profilo di un buon educatore.

E' però sicuramente possibile elencare diverse caratteristiche che possono aiutare a tracciare le caratteristiche indispensabili per ben operare nel suddetto ruolo.

Innanzitutto, come punto principale ed imprescindibile, deve esservi sicuramente l'essere una persona che realmente rispetta e aiuta l'individuo e la persona che ha di fronte a crescere, esprimersi e svilupparsi secondo la sua individualità specifica e le sue tendenze ed interessi.

Il più grande errore che può fare un educatore (ed in tale categoria io ci ricomprendo anche i genitori) è il cercare di plasmare una persona a nostra immagine e somiglianza secondo quelli che sono i nostri interessi e le nostre convinzioni, siano essi sociali, culturali e politici.

Essere un buon educatore consiste piuttosto nel riuscire ad assecondare le naturali inclinazioni dell'individuo affinché esso cresca e si sperimenti secondo il suo massimo potenziale: questo vuol dire **saper valutare limiti, doti e potenzialità senza giudicare**.

In realtà, se ci pensiamo bene, questo è proprio il fine ultimo dell'educazione: Educare non significa insegnare concetti o comportamenti, non consiste nell'immettere nel soggetto competenze, educare deriva dal latino ex-ducere, tirare fuori, cioè aiutare la persona ad esprimere se stessa, ad essere quella che è al massimo delle proprie potenzialità nella maniera più conforme alla propria personalità di fondo.

Tra le tante caratteristiche possibili che si possono enumerare in un'ipotetica lista dei "ferri del mestiere" di un buon educatore un ruolo primario lo riveste l'**empatia**: sapersi mettere nei panni degli altri, senza lasciarsi coinvolgere dalla situazione ed al contempo valutando, progettando ed agendo secondo le esigenze (e le caratteristiche come anzidetto) di coloro che abbiamo di fronte.

L'empatia spesso aiuta a trovare la soluzione, la chiave di volta per molti *casi*.

All'interno di tale discorso va tenuto presente che noi facciamo gli educatori ma non siamo educatori: fondersi con la professione rischia di non separare più ciò che è il lavoro educativo dalla nostra vita privata. Perché dico questo? Perché nelle professioni di aiuto e sostegno come quella pedagogica il coinvolgimento emotivo e psicologico deve essere tenuto a freno.

A meno che voi non vogliate tornare a casa e pensare continuamente alle ingiustizie che vedete sul lavoro, ai bambini richiusi in istituti per genitori assenti o in case famiglia di vario genere e tipo, a sofferenti mentali che vengono spostati come pacchi da una struttura all'altra...il distacco in questi ed innumerevoli altri casi consente di mantenere la professionalità che ci permette di scegliere per il bene dell'altro, e non per il nostro.

L'educatore professionale molto spesso si trova a gestire le situazioni con molta più facilità rispetto ad un genitore proprio per questo: mantiene il giusto distacco, è empatico e sceglie per il bene dell'utente. Per il genitore spesso diviene difficile tollerare le scorribande del figlio adolescente, o i capricci del bimbo che non vuole andare all'asilo, non vuole mangiare le verdure ecc.

Ultimo, ma non per importanza, il buon educatore è colui che è in grado di fare un'analisi attenta e precisa della situazione, degli obiettivi, e soprattutto della persona di cui si deve occupare.

Osservazione del caso, capacità progettuale, competenza nell'agire pedagogico e perizia nella valutazione del lavoro svolto per sapere eventualmente ritarare e ridefinire gli obiettivi a breve, medio e lungo termine nel caso non si fossero raggiunti i risultati inizialmente auspicati.

I no che aiutano

Come più o meno tutti abbiamo avuto modo di sperimentare, i bambini non amano sicuramente gli obblighi, i divieti, le regole. Ancor meno li amano gli adolescenti.

All'interno del percorso di crescita ed educazione di un bambino e di un adolescente un ruolo fondamentale viene ad essere rivestito dalle regole.

Per i genitori risulta spesso molto difficile negare qualcosa ai bambini, sia per paura di essere troppo severi sia perché ci si sente poi in colpa.

E' però fondamentale basarsi sul concetto che porre dei limiti ai desideri e ai capricci dei bambini (ed alle pressanti e continue richieste degli adolescenti) è un modo per aiutarli a crescere più forti e sicuri: fargli accettare il "no" è importante, perché li si abitua a risolvere un problema in modo creativo.

I figli con i "no" di mamma e papà si trovano costretti a scendere a patti con la realtà, un passo indispensabile per la formazione della loro identità. Crescendo, infatti, il bambino dovrà imparare a chiedere, a non pretendere, ad avere pazienza.

Genitori che sanno dare (ma anche concordare) regole chiare saranno poi visti dai figli come il "porto sicuro" nel quale rifugiarsi quando la barca dell'adolescenza li condurrà tra le tempeste della vita adulta.

Tornando ai nostri bambini, quale può essere la maniera corretta per insegnar loro ad essere meno capricciosi e ad accettare le modalità comportamentali e relazionali da utilizzare con i pari e con gli adulti?

Come ovvio non esistono regole adatte ed applicabili indistintamente a chiunque, possiamo però certamente seguire alcuni semplici consigli che ci aiuteranno in questo percorso.

Evitate di alzare la voce

Per farsi obbedire non è necessario alzare la voce, è sufficiente ribadire più volte il divieto sempre con tono fermo e sguardo deciso.

Questa modalità non toglierà forza al vostro rimprovero ed allo stesso tempo andrà a rassicurare il bambino rendendolo più attento alle vostre parole.

Regole chiare, rimproveri utili

Rimproverare un bambino potrebbe anche avere la sua efficacia ma occorre porre attenzione al fatto che un rimprovero risulta efficace solamente se questi è nelle condizioni di capire quale è stato il suo errore.

Se il bambino viene ripreso per non avere rispettato una regola che non era in grado di capire, il rimprovero apparirà ai suoi occhi come una mera persecuzione o un sopruso da parte del genitore. Inutile, ad esempio, pretendere che il bambino rispetti la vostra indicazione di "smettere di giocare tra cinque minuti", per il semplice motivo che sino ad una certa età un bambino non ha la cognizione del tempo.

Siate coerenti per non confonderlo

Una volta stabilita una regola bisogna farla rispettare, anche quando costa più fatica a noi che a lui: troppi "strappi", finiscono per confondere il bambino e vanificare gli sforzi dei genitori.

Se gli diamo un "NO", quel no così deve restare, senza che si tramuti prima in "forse" e successivamente in "SI".

In tal caso, se non siamo sicuri di riuscire a rimanere fermi nella nostra convinzione iniziale, meglio dire subito sì per evitare che il bambino capisca che insistendo le nostre regole possono essere forzate.

Mamma e papà sempre in sintonia

I genitori devono essere coerenti e solidali nel rifiuto, i pochi divieti vanno ribaditi sia da mamma che da papà: un sì e un no renderebbero il bambino insicuro e, ovviamente, poco disponibile a rispettare la regola iniziale.

Non fatevi ingannare dal senso di colpa

Non sentitevi in colpa di fronte ai lacrimoni del piccolo per paura di essere stati troppo severi: cedere ai loro ricatti ed ai loro capricci significa perdere il controllo della situazione. Fidatevi del vostro istinto.

Sì ai divieti, ma con misura

Trovate il "giusto mezzo" nei divieti: alcuni genitori hanno paura che quelli che ora sono solo capricci, si trasformino poi in vizi, e impongono, allora, regole troppo rigide.

Un'eccessiva rigidità è un comportamento errato, si corre il rischio di soffocare sul nascere quelli che sono i primi e legittimi tentativi del bambino di far valere la propria identità.

Quando non siamo in una situazione di pericolo o di principio, a qualche "no" si può anche rinunciare. Prima, però, di averlo pronunciato!

Gratificatelo quando si comporta bene

Quando il bambino fa qualcosa di buono o si comporta bene, i genitori devono riconoscere il suo impegno, "valorizzare" il suo atteggiamento: in questo modo lui cercherà di ripetere quel comportamento per avere i complimenti e le affettuosità di mamma e papà. E capirà che per ottenere qualcosa non servono sempre urla e pianti.

Il feedback positivo è uno strumento molto più efficace delle punizioni.

Incentiviamo i comportamenti positivi ed ignoriamo quelli negativi di modo che col tempo i primi vadano a prevalere sui secondi.

Psicomotricità, sviluppo psicofisico del bambino ed arti marziali

Sin dalla nascita il bambino ha la necessità di relazionarsi con chi si prenderà cura di lui.

Il bambino scopre la propria corporeità, se stesso e l'altro da se attraverso il pianto, attraverso il corpo, esplorando l'ambiente esterno portando alla bocca mani e piedi in modo da comprendere cosa è sé e cosa è altro da sé.

Il corpo e la pelle diventano sin da subito un modo per capire il mondo circostante attraverso il contatto con chi si prende cura di lui.

Una volta capito dove il proprio corpo di ferma e dove inizia l'ambiente esterno arriva il momento di sfruttare il proprio corpo per nuove sfide: esplorare l'ambiente, giocare, crescere.

Il corpo ed il movimento diventano strumento di sviluppo fisico e psicologico e fondamentale importanza riveste l'attività sportiva in questa fase della crescita.

Le attività sportive di fronte alle quali si trovano i genitori sono le più disparate tanto da lasciare quasi sgomenti al momento di operare una scelta per il proprio bambino.

Qualcuno sceglie lo sport che preferiva da giovane, altri lo sport già praticato da fratellini o cuginetti, altri la disciplina più vicina alla propria abitazione.

Le arti marziali quali il judo ed il karate ad esempio, per l'importanza che danno al controllo del corpo nello spazio, alla percezione di se e dell'altro, alle posture, al contatto con gli altri bambini, possono rappresentare delle ottime scelte per lo sport dei propri figli, a patto che chi le insegna abbia una preparazione volta ad abbinare la disciplina marziale all'importanza dello sviluppo psicomotorio del bambino.

Le attività di baby karate ad approccio psicomotricista considerano gli esercizi fatti con palla, cerchi, bastoni, tappeti e le attività motorie tipiche del karate quali strumenti per armonizzare lo sviluppo fisico e mentale del bambino e non un mezzo per formare un karateka (o un judoka).

La disciplina diventa quindi uno strumento al servizio della corretta crescita fisica ma soprattutto emotiva del bambino piuttosto che non invece fare in modo che sia il bambino ad adattarsi alle regole della disciplina stessa.

Ciò che viene tenuta come considerazione primaria è la peculiarità di ogni singolo bambino, i diversi tempi di sviluppo e di apprendimento di ognuno, le diverse inclinazioni individuali.

La prestazione sportiva o la corretta acquisizione delle posizioni o delle tecniche del karate in questo approccio non rivestono alcuna importanza: il baby karate ad approccio psicomotricista rappresenta un metodo che aiuta il bambino a crescere e sentirsi accettato ed accolto secondo i propri tempi di apprendimento, diventa quindi una modalità per trasferire ad esso contenuti affettivi che supportino il processo evolutivo.

Nel baby karate si lavora con esercizi che aiutano il bambino ad acquisire la coordinazione oculo-manuale, quindi portare il pugno o il calcio ad un obiettivo predefinito o all'interno di uno specifico cerchio colorato così come si aiuta la maturazione della coordinazione cinetica globale proponendo esercizi che prevedono lo spostamento nello spazio all'interno di percorsi strutturati con gli attrezzi della psicomotricità e tipologia di andatura specifiche basate sulle posizioni del karate ma adattate alla fantasia dei bambini.

Il bambino nella pratica del karate non ha, e non si può pretendere che abbia, le stesse finalità di un adulto, Questo rappresenterebbe una forzatura ed una posizione al limite della violenza psicologica che porterebbe il minore ad allontanarsi per sempre dalla bellezza e dai benefici dati dalle discipline marziali. Occorrerebbe quindi che gli istruttori tenessero sempre presente che il bambino spesso si muove non per necessità, come facciamo noi adulti, ma per pura finalità ludica, per divertirsi, per rilassarsi, o semplicemente solo perché in quel momento gli va di farlo.

L'istruttore deve incentivare il movimento strutturato ma deve porre attenzione anche ai movimenti liberi ed intenzionali del bambino senza bloccarli o reprimerli, basandosi sempre sull'assunto che il movimento è percezione di sé e di sé nello spazio e facendo questo costruisce se stesso.

Quindi per una corretta e armonica costruzione di se l'attività psicomotoria dev'essere interessante, divertente, piacevole e non coercitiva.

Un percorso di baby karate ad approccio psicomotricista permette al bambino di scoprire la disciplina, apprendere i primi termini in giapponese e sperimentare il contatto non violento con i pari.

Le azioni del corpo basate sugli esercizi nelle tecniche fondamentali del karate, i movimenti con le posture stesse del karate ma anche il gioco vanno ad agire direttamente a livello emotivo ed a livello sensoriale soddisfando uno dei bisogni primari dei bambini (fin troppo represso nella società odierna): vivere in maniera serena e libera la propria emotività e la propria individualità motoria.

Ecco che quindi il saluto, le attività libere e strutturate che abbinano le tecniche base del karate a palle, materassi, cubi, torri, cerchi, bastoni, tappeti, giochi, suoni, urla, colori ma anche regole, tempi, rispetto dell'altro diventano un tutt'uno in un continuum che porta ad un sano sviluppo fisico e motorio basato sulla libertà d'azione e sulla spontaneità del bambino che deve essere libero di vivere secondo i suoi tempi e secondo il suo io un proprio karate che sarà diverso da quello di ogni altro bambino come diverso è ognuno di noi nella propria individualità.

Il gioco

Il gioco rappresenta lo spazio del non-vissuto, dell'irreale immaginario, il luogo dove il bambino può sperimentare se stesso nelle sue fantasie, con e nelle sue paure in modo protetto, ma rappresenta anche lo spazio dell'immaginazione, della rappresentazione del reale e del già visto, del già provato.

Nel gioco il bambino rielabora e fa proprio il vissuto quotidiano, la gioia, le ansie, le paure.

Nel e col gioco il bambino cresce emotivamente e psicologicamente e nel gioco prova e struttura degli altri se, in un processo di prova ed errore dove egli è il primo sperimentatore e costruttore del suo io più profondo ma anche del suo io relazionale quando il gioco è fra pari e non più gioco solitario.

Vi è quindi nel gioco una continua alternanza tra fantasia e realtà, tra vissuto ed immaginato, tra singolo e gruppo.

In questa ottica va inteso il percorso del gioco del gruppo rivolto agli operatori sociali che vogliano agire tramite tecniche ludiche di gruppo nei gruppi difficili.

La reminescenza del bambino che siamo stati, del bambino che è ancora presente in noi adulti ma che via via si è assopito, fatto da parte in un cantuccio sempre più piccolo del nostro io, schiacciato dall'educazione, dallo studio scolastico strutturato, dalle aule silenziose ed ingessate, dai "Si, professore", quel bambino, rinchiuso in spazi sempre più stretti dalle incombenze quotidiane, dagli impegni lavorativi, dalla serietà della vita adulta imposta dalla società frenetica e veloce, quella reminescenza deve essere la base da cui partire come operatori che realmente vogliano usare il gioco come strumento realmente efficace sul gruppo.

Il rimando è quindi ad un non-luogo, o ad un luogo che non c'è più, quello dove si muoveva ed agiva il me quando era bambino, lo spazio d'azione del mio io bambino che gioca, in tal modo Il percorso è quindi un ritorno dell'adulto alle azioni giocate dal proprio se bambino rivivendo tramite il gioco stesso le funzioni fondamentali della gruppalità: l'aiuto, il sostegno reciproco, la coesione, la forza del gruppo come struttura più antica della civiltà umana intesa come uomo specie-essere sociale.

Risulterà quindi di fondamentale importanza per l'operatore il mettersi, o il ri-mettersi, in gioco ritrovando il proprio se bambino che giocava arrivando a liberarsi dai costrutti, dai vincoli e dai lacciuoli che via via lo hanno avvolto nel normale processo di crescita dettato dall'educazione familiare, scolastica, sociale, per riuscire, nuovamente, a giocare.

In quest'ottica sarà quindi di fondamentale importanza fornire orizzonti di senso all'aspetto pedagogico dell'agire ludico per andare oltre il mero intervento dettato dalla contingenza del caso del momento in una più ampia visuale di progettualità strutturata e condivisa, votata a creare strutture del pensiero e dell'agire che portino ad una reale rimodulazione delle modalità del rapportarsi del soggetto con il gruppo e non una semplice azione ludica fine a se stessa.

Il gioco a casa, il gioco a scuola, il gioco al parco, diventa allora non un passatempo o peggio una perdita di tempo (come spesso sentiamo asserire da tanti docenti), bensì rappresenta una attività di primaria importanza nel processo di sviluppo psichico e fisico dei bambini: il gioco è il lavoro del bambino.

E' certamente vero che col gioco il bambino si diverte, ma oltre a ciò scopre la realtà che lo circonda, si libera dalle tensioni nervose accumulate durante le attività scolastiche o relazionali con amici e parenti.

Se osserviamo qualunque cucciolo di animale noteremo che tutti hanno una caratteristica in comune: il gioco.

Esso appare collegato alla capacità di apprendere nuove competenze durante il processo di crescita.

Attraverso il gioco si apprendono come anzidetto competenze, si sviluppa la socialità tra i membri del gruppo dei pari, l'affettività e l'immaginazione.

Il gioco simbolico

Caratteristica dell'infanzia è la presenza del gioco simbolico o di finzione. Quante volte abbiamo visto bambine giocare a fare le mamme e bambini giocare ai cavalieri o ai poliziotti?

Fino alla scuola dell'obbligo, si assiste gradualmente a un passaggio nei temi del gioco: all'inizio è presente il **gioco "sensomotorio"** ossia quello che permette al bambino di **conoscere il mondo che lo circonda, tramite l'uso dei sensi.** Far cadere un oggetto o mettere le cose in bocca serve al bambino per conoscere, studiare, crescere.

Con il passare del tempo, si passa al vero e proprio **gioco di finzione dove un oggetto, o un'azione, ha il**

compito di rappresentare e significare altro. Una matita diventa una sigaretta imitando il fumare dell'adulto, oppure le tazzine di plastica usate per offrire uno squisito caffè...inesistente!

In questa fase, è necessaria la presenza di un oggetto che abbia caratteristiche simili per forma o altro, all'oggetto o alla situazione cui il bambino fa riferimento.

Una volta interiorizzata la conoscenza dell'oggetto, il caffè invisibile sarà servito in tazzine invisibili...ossia **non è più necessaria la presenza fisica di un oggetto.**

Il gioco simbolico è quindi di estrema importanza per l'evoluzione e lo sviluppo del bambino. In età prescolare, le insegnanti della scuola materna e gli adulti hanno il compito di fornire strumenti e situazioni in cui i piccoli possano sperimentarsi. All'asilo per esempio, sono messi a disposizione stoffe, tazzine, una casetta, travestimenti, burattini, maschere, cappelli, mantelli, e quanto altro possa sostenere e facilitare il gioco di finzione.

Igor Olla si è laureato in Scienze dell'educazione all'Università degli Studi di Cagliari.

Ha conseguito un master in "Criminologia applicata e psicologia giuridica" ed un Master in "Psicologia della famiglia". Ha conseguito un corso di specializzazione in "Bullismo", uno in "Disturbi dell'attenzione e iperattività" presso l'istituto Erickson di Trento ed una specializzazione biennale in "Formazione formatori".

Ha all'attivo la pubblicazione del libri "Bullismo a scuola", "Adolescenti a scuola. Devianza, insuccesso e tecniche di intervento", "Mediare i conflitti. Strategie comunicative per docenti e genitori", "Bullismo e cyber-bullismo", "Psicologia e tecniche di comunicazione efficace nella gestione del cliente".

E' stato professore a contratto Presso l'Università degli studi Cagliari l'Università Europea di Roma e l'Università telematica Leonardo da Vinci. Ha insegnato ed insegna presso diversi enti di formazione su tutto il territorio nazionale ed ha coordinato svariati servizi socio-educativi, centri di aggregazione e spazi ludici.

Svolge attualmente la professione di formatore e di pedagogista.

www.ingramcontent.com/pod-product-compliance
Lightning Source LLC
Chambersburg PA
CBHW060427290526
45791CB00002B/884